Khalil Gibran

Der Vorbote

W

Khalil Gibran

Der Vorbote

Gleichnisse
und Gedichte

Walter-Verlag
Solothurn und Düsseldorf

Der Originaltitel von 1920 lautet:
«The Forerunner»
Aus dem Englischen übertragen
von Ursula Assaf-Nowak

Die Deutsche Bibliothek – CIP-Einheitsaufnahme

Ǧibrān, Ǧibrān Ḫalīl:
Der Vorbote : Gleichnisse und Gedichte / Khalil Gibran.
[Aus dem Engl. übertr. von Ursula Assaf-Nowak]. – Solothurn ;
Düsseldorf : Walter, 1994
ISBN 3-530-26728-7

2. Auflage 1994

Satz: Utesch Satztechnik GmbH, Hamburg
Druck und Einband:
Offizin Andersen Nexö, Leipzig
Printed in Germany
ISBN 3-530-26728-7

Inhalt

Einleitung

Du bist dein eigener Vorbote, und die Festen, die du errichtet hast, sind nur das Fundament für dein größeres Ich. Dieses größere Ich ist wiederum nur ein Fundament.

Auch ich bin mein eigener Vorbote, und der lange Schatten, den die Sonne bei ihrem Aufgang vor mir ausbreitet, zieht sich nach Mittag allmählich unter meinen Füßen zusammen. Doch ein neuer Sonnenaufgang wird neuen Schatten vor mir ausbreiten, und auch der wird zusammenschrumpfen nach einem neuen Mittag.

Schon immer waren wir unsere eigenen Vorboten, und wir werden es immer sein. Alles, was wir gesammelt haben, und alles, was wir noch sammeln werden, sind nur Samen für Felder, die noch brach liegen. Wir sind die Felder und auch der Sämann, wir sind die Erntenden und die Ernte zugleich.

Als du noch ein unbestimmtes Verlangen im Nebel warst, befand auch ich mich dort als ein ungewisser Wunsch. Wir suchten einander, und aus unserer Sehnsucht entstanden unsere Träume. Und Träume sind unbegrenzte Zeit und grenzenloser Raum.

Als du noch ein unausgesprochenes Wort auf den Lippen des Lebens warst, war auch ich dort ein anderes unartikuliertes Wort. Dann sprach uns das Leben aus, und wir durchwanderten die Jahre. In uns lebte die Erinnerung an das Gestern und die Sehnsucht nach dem Morgen; das Gestern ist der besiegte Tod, und das Morgen ist die erwartete Wiedergeburt.
Nun sind wir in Gottes Händen. Du bist eine Sonne in seiner rechten Hand, und ich bin eine Erde in seiner Linken, dein Glanz ist nicht heller als der meine. Wir, die Sonne und die Erde, sind nur der Anfang einer größeren Sonne und einer größeren Erde. Immer werden wir Anfang sein.

Du bist dein eigener Vorbote, du der Fremde, der an meinem Gartentor vorübergeht.
Und ich bin mein eigener Vorbote, wenn ich auch im Schatten meiner Bäume sitze und es den Anschein hat, als ob ich ohne Bewegung wäre.

Gottes Narr

Einst kam ein Mann aus der Wüste in die große Stadt Scharia; er war ein Träumer und trug nichts anderes bei sich als sein Gewand und einen Stab. Als er durch die Straßen der Stadt schlenderte, blickte er voll Staunen und Bewunderung auf die Tempel, Türme und Paläste von Scharia, deren Pracht unübertroffen war. Oft sprach er die Vorübergehenden an und erkundigte sich nach ihrer Stadt, aber sie verstanden weder seine Sprache, noch verstand er die ihre.
Um die Mittagszeit blieb er vor einem großen Gasthaus stehen, das aus gelbem Marmor erbaut war; hier gingen die Leute unbehelligt ein und aus. «Das wird wohl ein Heiligtum sein», dachte der Träumer und trat ein. Doch wie überrascht war er, als er sich in einem riesigen Saal von unermeßlicher Pracht wiederfand, in dem zahlreiche Männer und Frauen um eine große Zahl von Tischen saßen. Und sie aßen und tranken, während sie den Musikanten lauschten.
«Nein», sagte sich der Träumer, «das ist kein Gottesdienst. Es wird wohl ein Fest sein, das der Prinz

für sein Volk veranstaltet zum Gedenken an ein wichtiges Ereignis.»
In diesem Augenblick näherte sich ihm ein Mann, den er für einen Diener des Prinzen hielt, und er lud ihn ein, sich zu setzen. Sogleich wurden ihm Fleisch und Wein und köstliche Süßigkeiten aufgetischt.
Als er gesättigt war, stand der Träumer auf, um seinen Weg fortzusetzen. An der Tür hielt ihn ein Mann von stattlicher Größe an, der prächtig gekleidet war.
«Das ist gewiß der Prinz persönlich», dachte der Träumer, verbeugte sich vor ihm und dankte ihm. Da sagte der große Mann in der landesüblichen Sprache: «Gnädiger Herr, Sie haben für Ihr Essen noch nicht bezahlt!» Doch der Träumer verstand ihn nicht und bedankte sich nochmals überschwenglich. Da betrachtete der große Mann ihn genauer. Er stellte fest, daß er ein Fremder war, der ein bescheidenes Gewand trug und wohl nichts besaß, um sein Mahl zu bezahlen. Er rief etwas, indem er in die Hände schlug. Darauf erschienen vier Wächter der Stadt. Nachdem sie dem großen Mann zugehört hatten, nahmen sie den Träumer in ihre Mitte – zwei Wachleute auf jeder Seite von ihm. Der Träumer bemerkte ihre festliche Kleidung und ihr zeremonielles Verhalten. Er fühlte

sich geehrt und dachte: «Dies sind vornehme Männer!»
Die Wachleute führten ihn zum Gerichtsgebäude und betraten es.
Im Innern sah der Träumer auf einem Thron sitzend einen ehrwürdigen Mann mit wallendem Bart und prunkvoller Robe. Er glaubte, es sei der König persönlich, und er war stolz, daß man ihm die Ehre erwies, vor den König zu treten.
Die Wachleute berichteten nun dem Richter – um den es sich bei dem ehrenwerten Mann handelte –, was im Gasthaus vorgefallen war und klagten ihn des Betrugs an; der Richter bestimmte zwei Rechtsgelehrte, einen der die Anklage vorbringen sollte und einen anderen, der den Fremden verteidigen sollte. Die beiden Rechtsgelehrten erhoben sich und trugen ihre Argumente vor. Der Träumer glaubte, daß es sich dabei um Willkommensgrüße handele, und sein Herz war erfüllt von Dankbarkeit gegenüber dem König und dem Prinzen, die ihm so große Ehre erwiesen hatten.
Dann wurde der Urteilsspruch gefällt, und seine Bestrafung bestand darin, daß ihm eine Tafel um den Hals gehängt wurde, auf der sein Vergehen geschrieben stand; auf diese Weise sollte er auf einem ungesattelten Pferd durch die Stadt reiten, begleitet von einem Trompeter und einem Trommler,

die vor ihm hergehen sollten. Das Urteil wurde sogleich vollstreckt.
Als nun der Träumer auf dem ungesattelten Pferd durch die Stadt zog hinter dem Trompeter und dem Trommler, die zu Fuß vor ihm herzogen, rannten die Bewohner der Stadt hinzu, angelockt von der Musik und dem Lärm; als sie den Fremden sahen, lachten sie, und die Kinder folgten ihm von Straße zu Straße. Der Träumer war begeistert von diesem Empfang, und er blickte alle glückstrahlend an, denn er glaubte, daß die Tafel um seinen Hals ein königlicher Huldbeweis sei und daß der Umzug ihm zu Ehren veranstaltet würde.
Während er so ritt, sah er plötzlich in der Menge einen Mann, der wie er aus der Wüste kam. Voll Freude rief er ihm zu:
«Freund, Freund, wo sind wir hier? Welche Stadt ist dies, die so ganz den Wünschen des Herzens entspricht? Was für großzügige, ja verschwenderische Gastgeber sind diese Menschen, die den zufälligen Gast in ihren Palästen beköstigen, deren Prinzen ihn zum König geleiten und deren König ihm einen Huldbeweis anheften läßt, so daß ihm die Gastfreundschaft einer ganzen Stadt zuteil wird, einer Stadt, die vom Himmel herabgestiegen zu sein scheint!»
Der Mann, der auch aus der Wüste kam, antwor-

tete nicht. Er lächelte nur und schüttelte kaum wahrnehmbar den Kopf. Und die Prozession zog weiter.

Der Träumer hielt seinen Kopf hocherhoben, sein Gesicht spiegelte Stolz und Entzücken, und seine Augen leuchteten.

Liebe

Schakal und Maulwurf
– so sagt man –
trinken vom gleichen Strom,
an dem auch der Löwe
seinen Durst stillt.

Schakal und Geier
– so sagt man –
bohren ihren Schnabel
in den gleichen Kadaver,
und sie vertragen sich
in der Gegenwart des Todes.

O Liebe, die mit gebieterischer Hand
mein Sehnen stets im Zaume hielt,
die meinen Hunger und meinen Durst
auf Tugend und Ehrgefühl richtete,
laß niemals zu,
daß das Starke und Beständige in mir
das Brot essen und den Wein trinken wird,
nach dem mein schwaches Ich verlangt!
Laß lieber mein Herz verschmachten,

laß mich lieber vor Hunger sterben,
bevor ich meine Hand ausstrecke
nach einem Glas,
das du nicht gefüllt hast,
und nach einer Schüssel,
die du nicht gesegnet hast.

Der königliche Einsiedler

Man erzählte mir, daß inmitten eines von Bergen umgebenen Waldes ein junger Mann allein und zurückgezogen lebte, der einst der Herrscher eines großen Landes hinter den beiden Flüssen war. Ich erfuhr auch, daß er seinen Thron und sein Land aus eigenem Entschluß verlassen hatte und daß er an diesen Ort gekommen war, um als Einsiedler in der Wildnis zu leben.
Da dachte ich mir: «Ich muß diesen Mann suchen, um sein Geheimnis zu erfahren, denn wer auf ein Königreich verzichtet, tut es gewiß für etwas, das in seinen Augen noch größeren Wert hat.»
Noch am gleichen Tag brach ich auf in den Wald, wo der ehemalige König lebte. Ich sah ihn unter einer weißen Zypresse sitzen; in seiner Hand hatte er ein Rohr, und es sah aus, als ob er ein Szepter hielte. Ich grüßte ihn, wie man einen König grüßt. Er wandte sich mir zu und sagte freundlich: «Was führt dich in diesen entlegenen Wald der heiteren Ruhe? Suchst du in seinen grünen Schatten ein verlorenes Ich, oder kehrst du heim in seine Dämmerung?»

«Das Ziel meines Suchens bist du», antwortete ich, «denn ich möchte gern wissen, was dich dazu bewogen hat, ein Königreich gegen diesen Wald einzutauschen.»
«Meine Geschichte ist so kurz wie das Zerplatzen einer Seifenblase», sagte er. «Es geschah so: eines Tages, als ich an einem Fenster meines Palastes saß, spazierte mein Kämmerer mit dem Gesandten eines anderen Landes durch den Park. Als sie sich meinem Fenster näherten, sprach der Kämmerer gerade von sich selbst, und er sagte: ‹Ich bin wie der König, ich mag guten Wein und Glücksspiele! Und wie mein Herr, der König, habe ich ein stürmisches Temperament.› Darauf entfernten sich der Kämmerer und der Botschafter hinter den Bäumen. Nach einigen Minuten kamen sie wieder an meinem Fenster vorbei; dieses Mal war die Rede von mir, und ich hörte den Kämmerer sagen: ‹Mein Herr, der König, ist wie ich ein guter Meisterschütze und Musikliebhaber, und wie ich nimmt er dreimal täglich ein Bad.›»
Nach einer kurzen Pause fuhr der König fort: «Noch am gleichen Abend verließ ich meinen Palast, ich nahm nichts mit außer meiner Kleidung, denn ich wollte nicht länger über Menschen herrschen, die meine Laster auf sich nehmen und mir ihre Tugenden zuschreiben.»

«Das ist wirklich eine merkwürdige und wundersame Geschichte», sagte ich.

Er entgegnete: «Mein Freund, du hast an das Tor meines Schweigens geklopft, und bisher hast du nur einen Splitter von der Wahrheit erfahren. Wer wollte nicht ein Königreich eintauschen gegen einen Wald, in dem die Jahreszeiten unaufhörlich singen und tanzen? Viele gaben ihr Königreich her, und sie erhielten dafür viel weniger als Alleinsein und die köstliche Gesellschaft der Einsamkeit. Zahlreich sind die Adler, die aus hoher Luft hinabsteigen und mit den Maulwürfen leben, um die Geheimnisse der Erde zu erfahren. Und zahllos sind diejenigen, die auf das Königreich der Träume verzichten, um sich denjenigen anzugleichen, die ohne Träume sind. Und da sind diejenigen, die das Königreich der Nacktheit verlassen und ihre Seelen verhüllen, damit die anderen nicht beschämt werden, wenn sie die unverhüllte Wahrheit und die unverschleierte Schönheit vor Augen haben. Und größer als all jene ist derjenige, der das Königreich der Sorgen verläßt, um nicht stolz und anmaßend zu erscheinen.»

Dann erhob er sich, auf sein Rohr gestützt, und sagte: «Geh nun in die große Stadt zurück, setz dich an eines ihrer Tore, und beobachte alle diejenigen, die dort ein- und ausgehen! Versuche, darunter denjenigen zu finden, der ohne Königreich ist, obgleich er zum König geboren wurde, oder denjenigen, der im Geiste regiert, obwohl er im Fleisch regiert, selbst wenn sich weder er noch seine Untertanen dessen bewußt sind, und schließlich denjenigen, der zu herrschen glaubt, obwohl er in Wirklichkeit nur der Sklave seiner Sklaven ist.»

Nachdem er dies gesagt hatte, lächelte er mich an, und tausend Morgenröten erschienen auf seinen Lippen. Dann drehte er sich um und entfernte sich ins Innere des Waldes.

Ich kehrte in die Stadt zurück, und wie der König mir geraten hatte, setzte ich mich ans Tor, um die Vorübergehenden zu beobachten. Und von diesem Tag an bis heute sind die Könige zahlreich, deren Schatten an mir vorüberzog, aber gering ist die Zahl der Untertanen, an denen mein Schatten vorüberzog.

Die Tochter des Löwen

Vier Sklaven standen um einen Thron und fächelten einer alten Königin, die auf dem Thron eingeschlafen war, Kühlung zu. Die Königin schnarchte entsetzlich, während sie schlief. Auf ihrem Schoß lag eine schnurrende Katze, die träge auf die Sklaven blickte.

Da sagte der erste Sklave: «Wie häßlich diese alte Frau doch im Schlaf aussieht! Seht die tiefen Falten um ihren Mund! Und dann ringt sie nach Luft, als ob der Teufel sie würgt.»

Die Katze schnurrte: «Sie sieht im Schlaf nicht halb so häßlich aus wie du wachend in deiner Knechtschaft.»

Der zweite Sklave sprach: «Man sollte annehmen, daß der Schlaf ihre Gesichtsfalten glättet, statt sie zu vertiefen. Sie muß wohl etwas Schreckliches träumen.»

Die Katze schnurrte: «Könntest du doch nur schlafen und von deiner Freiheit träumen!»

Der dritte Sklave sagte: «Vielleicht sieht sie im Traum die Scharen all derer, die sie töten ließ.»

Die Katze schnurrte: «Oder sie sieht die Scharen deiner Vorfahren und deiner Nachfahren.»

Der vierte Sklave sprach: «Es ist ganz schön und gut, über sie zu reden, aber es macht mich nicht weniger überdrüssig, die ganze Zeit hier zu stehen und zu fächeln.»

Die Katze schnurrte: «Du wirst in alle Ewigkeit nicht aufhören zu fächeln, denn wie es auf Erden ist, so wird es auch im Himmel sein.»

In diesem Augenblick nickte die Königin im Schlaf, und ihre Krone fiel zu Boden.
Da sagte einer der Sklaven: «Das ist ein schlechtes Omen!»

Die Katze schnurrte: «Was für den einen ein schlechtes Omen ist, ist für den anderen ein gutes.»

Der zweite Sklave sagte: «Wenn sie nun aufwacht und sieht, daß ihre Krone auf dem Boden liegt, wird sie uns sicher töten lassen.»

Die Katze schnurrte: «Merkst du nicht, daß sie dich seit deiner Geburt jeden Tag umbringt?»

Der dritte Sklave sprach: «Ja, sie wird uns töten lassen, und sie wird unseren Tod als ein Opfer für die Götter ausgeben.»

Die Katze schnurrte: «Nur Schwächlinge werden den Göttern zum Opfer dargebracht.»

Der vierte Sklave aber brachte die anderen zum Schweigen, indem er die Krone vorsichtig aufhob und sie auf den Kopf der alten Königin setzte, ohne sie dabei zu wecken.

Die Katze schnurrte: «Nur ein Sklave setzt eine Krone wieder auf, die schon gefallen ist.»

Nach einer Weile erwachte die alte Königin. Sie schaute sich gähnend um und sagte: «Mir scheint, ich habe geträumt; ich sah vier Raupen, die von einem Skorpion verfolgt wurden; der Skorpion hetzte sie um den Stamm einer alten Eiche. Ich mag diesen Traum nicht!»
Dann schloß sie ihre Augen wieder und schlief weiter. Im Schlaf schnarchte sie. Und die vier Sklaven fuhren fort, zu fächeln.

Die Katze schnurrte: «Nur zu, nur zu! Fächelt weiter, ihr Toren! Ihr facht das Feuer an, das euch verbrennen wird.»

Tyrannei

So singt die Drachenbraut, welche die sieben Höhlen am Meer bewacht:
«Mein Gefährte wird kommen, auf Wellen reitend. Sein ohrenbetäubendes Gebrüll wird der Erde Furcht einjagen, und die Funken aus seinen Nüstern werden den Himmel in Flammen setzen. Während der Mondfinsternis werden wir uns vereinen, und in der Sonnenfinsternis werde ich einen Heiligen Georg zur Welt bringen, der mich erschlagen wird.»
So singt die Drachenbraut, welche die sieben Höhlen am Meer bewacht.

Der Heilige

In meiner Jugend besuchte ich einmal einen Heiligen in seinem stillen Hain hinter den Hügeln. Als wir uns gerade über das Wesen der Tugend unterhielten, sahen wir einen Räuber, der schwerfällig und erschöpft die Anhöhe hinaufstieg.

Als der Räuber den Hain endlich erreicht hatte, kniete er vor dem Heiligen nieder und sagte:
«O heiliger Mann, ich suche Trost bei dir, denn meine Sünden bedrücken mich sehr!»
Der Heilige antwortete: «Auch meine Sünden bedrücken mich!»
Der Räuber sprach: «Aber ich bin ein Dieb und Plünderer.»
Der Heilige entgegnete ihm: «Auch ich bin ein Dieb und Plünderer.»
Der Räuber fuhr fort: «Ich bin sogar ein Mörder, und das vergossene Blut vieler Menschen schreit in meinen Ohren.»
Der Heilige antwortete: «Auch ich bin ein Mörder, und auch in meinen Ohren schreit das Blut vieler Menschen.»

Der Räuber sprach: «Ich habe zahllose Verbrechen begangen.»
«Auch ich beging Verbrechen ohne Zahl», erwiderte der Heilige.
Da stand der Räuber von seinen Knien auf und starrte den Heiligen fassungslos und mit einem sonderbaren Blick an. Nachdem er uns verlassen hatte, hüpfte er leichtfüßig den Hügel hinunter.

Ich fragte den Heiligen: «Warum hast du dich all der Verbrechen bezichtigt, die du nie begangen hast? Hast du nicht bemerkt, daß dieser Mann nicht mehr an dich glaubte, als er dich verließ?»
Der Heilige entgegnete mir: «Es stimmt, daß er nicht mehr an mich glaubte, als er mich verließ. Aber er ging getröstet hinweg.»
In diesem Augenblick hörten wir den Räuber von weitem singen, und das Echo seines Liedes erfüllte das Tal mit Freude.

Der Kapitalist

Auf meinen Streifzügen kam ich einmal auf eine Insel, auf der ein Monstrum lebte, das einen menschlichen Kopf und eiserne Hufe hatte. Ununterbrochen sah ich es von der Erde essen und vom Meer trinken. Nachdem ich es eine ganze Weile beobachtet hatte, näherte ich mich ihm und sagte:

«Bekommst du denn nie genug davon? Wird dein Hunger nie gesättigt und dein Durst nie gestillt werden?»

Das Monstrum antwortete: «Doch, ich bin gesättigt; ich bin sogar des Essens und Trinkens überdrüssig! Aber ich habe Angst, daß es morgen keine Erde mehr geben wird, von der ich essen kann, und kein Meer, von dem ich trinken kann.»

Das größere Ich

Es geschah einmal folgendes: Nach der Krönung von Nufsibaäl, dem König von Byblos, zog sich der neue König in sein Schlafgemach zurück – es war der Raum, den die drei als Einsiedler lebenden Zauberer des Gebirges für ihn gebaut hatten. Er nahm die Krone vom Kopf und legte seine königlichen Gewänder ab. In der Mitte des Raumes blieb er stehen und dachte mit Stolz daran, daß er jetzt der allmächtige Herrscher von Byblos war.

Plötzlich drehte er sich um und sah, wie aus dem silbernen Spiegel, den seine Mutter ihm geschenkt hatte, ein nackter Mann heraustrat.

Der König erschrak und schrie den Mann an: «Was willst du von mir?»

«Nichts», antwortete der nackte Mann, «ich will nur wissen, warum sie dich zum König gekrönt haben.»

Der König sprach: «Weil ich der edelste Mann im Lande bin, krönten sie mich.»

«Wenn du noch edler wärest, wärest du kein König», entgegnete der nackte Mann.

Darauf sagte der König: «Weil ich der mächtigste Mann im Lande bin, krönten sie mich.»
«Wenn du noch mächtiger wärest, wärest du kein König», entgegnete der nackte Mann.
Der König fuhr fort: «Weil ich der weiseste Mann im Lande bin, krönten sie mich.»
«Wenn du noch weiser wärest, hättest du es abgelehnt, König zu werden», entgegnete der nackte Mann.
Da fiel der König zu Boden und weinte bitterlich.
Der nackte Mann schaute auf ihn hinab, nahm die Krone und setzte sie behutsam auf den gesenkten Kopf.
Dann blickte der nackte Mann voller Mitleid auf den König und trat in den Spiegel zurück.
Der König erhob sich und schaute unverzüglich zum Spiegel. Doch er sah darin nur sich selber – mit der Krone auf seinem Kopf.

Der Krieg und die kleinen Nationen

Hoch in der Luft, über einer Wiese, auf der ein Schaf und ein Lamm weideten, kreiste ein Adler und warf begierige Blicke auf das Lamm. Als er sich gerade auf seine Beute stürzen wollte, erschien ein anderer Adler und schwebte mit der gleichen begehrlichen Absicht über dem Schaf und seinem Jungen. Schließlich begannen die beiden Rivalen, sich gegenseitig zu bekämpfen, und sie füllten den Himmel mit ihrem grimmigen Geschrei.

Das Schaf schaute verwundert empor und sagte zu dem Lamm: «Wie seltsam, mein Kind, daß diese beiden edlen Vögel sich miteinander streiten! Ist der weite Himmel nicht groß genug für sie beide? Bete mein Kind, bete in deinem Herzen, daß Gott deine gefiederten Brüder miteinander versöhnen möge!»

Und das Lamm betete inständig.

Lästerer

Bei Einbruch der Nacht erreichte ein Mann, der zur Küste ritt, ein Gasthaus. Er saß von seinem Pferd ab, und da er – wie alle, die ans Meer reiten – zu den Menschen und zu der Nacht Vertrauen hatte, band er sein Pferd kurzerhand an einem Baumstamm neben der Tür an und betrat das Gasthaus.
Um Mitternacht, als alle schliefen, kam ein Dieb und stahl das Pferd.
In der Frühe des anderen Morgens erwachte der Mann, und als er hinaustrat, bemerkte er, daß sein Pferd gestohlen worden war. Er trauerte seinem Pferd nach und konnte nicht verstehen, wie es jemand übers Herz gebracht hatte, sein Reittier zu stehlen.
Da kamen auch die anderen Gäste, die hier übernachtet hatten, aus dem Gasthaus. Sie umstanden den Reisenden und besprachen den Vorfall.
Der erste sagte: «Wie dumm von dir, dein Pferd draußen anzubinden, statt es in den Stall zu bringen!»
Der zweite fügte hinzu: «Wie töricht von dir, es nicht einmal anzupflocken!»

Der dritte bemerkte: «Nur ein Dummkopf reitet auf seinem Pferd ans Meer!»
Und der vierte sagte: «Nur Faule und Fußlahme besitzen Pferde!»
Der Reisende war sehr befremdet. Schließlich sagte er: «Meine Freunde, weil mein Pferd gestohlen wurde, habt ihr euch alle überschlagen, mir meine Fehler und Versäumnisse vorzuhalten. Doch kein einziger Vorwurf von euch galt dem Dieb.»

Dichter

Vier Dichter saßen um einen Punsch, der mitten auf dem Tisch stand.
Der erste Dichter sprach: «Mich dünkt, daß ich mit meinem dritten Auge das Aroma dieses Weines sehe; es schwebt in der Luft wie eine Wolke aus Vögeln in einem verzauberten Wald.»
Der zweite Dichter hob seinen Kopf und sprach: «Und ich höre mit meinem inneren Ohr diese Nebel-Vögel singen; ihr Gesang umfängt mein Herz, so wie die Blütenblätter einer weißen Rose eine Biene umrahmen.»
Der dritte Dichter schloß seine Augen und sagte: «Mir ist, als berührte ich diese Nebel-Vögel mit meiner Hand. Ich kann ihre Flügel ertasten; sie sind dem Atem einer schlafenden Fee gleich, der meine Finger streift.»
Da erhob sich der vierte Dichter, nahm den Becher und sprach: «Meine Freunde, leider sind meine Sinne zu stumpf und schwerfällig. Ich kann weder den Duft dieses Weines sehen, noch den Gesang der Nebel-Vögel hören, und ich kann ihren Flügelschlag nicht fühlen. Ich nehme nichts ande-

res wahr als den Wein. Darum muß ich ihn trinken, damit er meine Sinne schärft und mich in eure hohen Sphären erhebt.»

Er hielt den Becher an seine Lippen und trank den Punsch bis zum letzten Tropfen aus.

Die drei Dichter schauten ihn sprachlos und mit offenem Mund an, und in ihren Blicken lag ein neidvoller, unpoetischer Haß.

Der Wetterhahn

«Wie langweilig und phantasielos bist du doch!» schalt der Wetterhahn den Wind. «Kannst du nicht in eine andere Richtung blasen als immer in mein Gesicht? Du bringst mich aus meinem gottgegebenen Gleichgewicht!»
Der Wind antwortete nicht. Er lachte nur in den Weltraum.

Der König von Aradus

Die Ältesten der Stadt Aradus fanden sich einmal bei ihrem König ein. Sie ersuchten ihn dringend, eine Vorschrift zu erlassen, die allen Bewohnern der Stadt den Genuß von Wein und anderen berauschenden Getränken verbieten sollte.
Als der König ihre Bitte hörte, kehrte er ihnen den Rücken zu und entfernte sich laut lachend.
Entrüstet verließen die Ältesten den Palast.
Am Tor begegneten sie dem Oberhofmeister, der ihnen ansah, daß sie verstimmt waren. Er erkundigte sich nach dem Grund und hörte sich ihren Bericht an.
«Es tut mir leid, meine Freunde», sagte er darauf, «wäre der König betrunken gewesen, als ihr bei ihm wart, dann hätte er eurer Bitte gewiß entsprochen!»

Aus der Tiefe meines Herzens

Aus der Tiefe meines Herzens erhob sich ein Vogel und flog himmelwärts.
Höher und höher schwang er sich empor und wurde dabei zusehends größer.
Zuerst war er so groß wie eine Schwalbe, dann wie eine Lerche, später hatte er die Größe eines Adlers, dann die einer Frühlingswolke, und schließlich füllte er den gesamten gestirnten Himmel.
Aus der Tiefe meines Herzens flog ein Vogel himmelwärts; je höher er flog, um so größer wurde er.
Doch er verließ mein Herz nicht.

O mein Glaube, mein ungebändigtes Wissen, wie kann ich mich zu deinen Höhen emporschwingen und mit dir des Menschen größeres Ich entdecken, das in den Himmel geschrieben ist?
Wie kann ich das Meer in mir in Nebel verwandeln, um auf diese Weise mit dir aufzusteigen – in unbegrenzte Räume?
Wie kann jemand, der im Tempel eingeschlossen ist, seine goldenen Türme und Kuppeln sehen?

Wie kann der Kern einer Frucht die ganze Frucht umschließen?
O mein Glaube, ich bin angekettet hinter diesen Stäben aus Silber und Ebenholz, und ich kann nicht mit dir fliegen.
Aber es ist mein Herz, aus dem du kommst und zum Himmel emporsteigst, es ist mein Herz, das dich hält. Und das soll mir genügen.

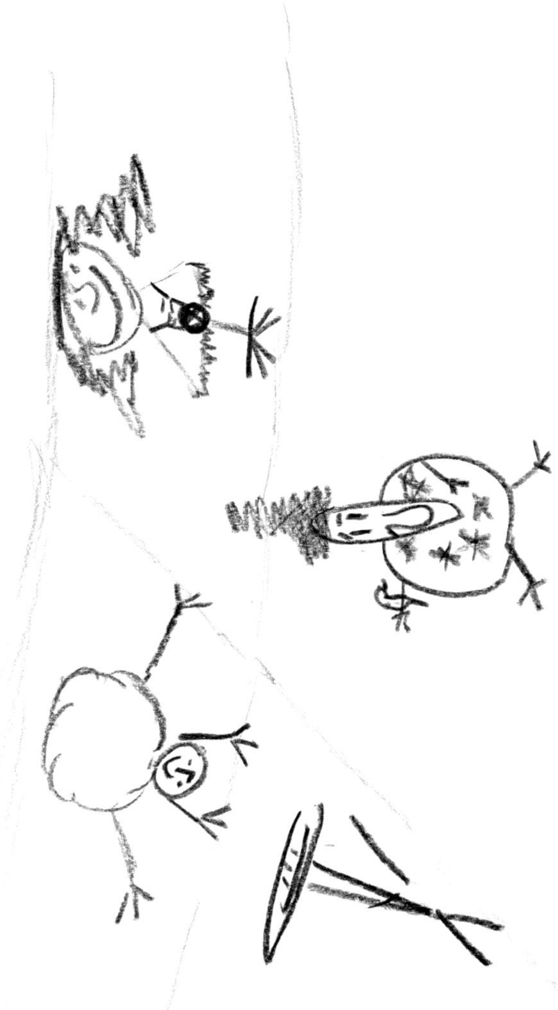

Dynastien

Die Königin von Ishana war dabei, ein Kind zur Welt zu bringen. Der König und die mächtigen Männer seines Hofes waren versammelt und warteten gespannt und ängstlich in der großen Halle der Geflügelten Bullen.

Am Abend eilte plötzlich ein Bote in die Halle, warf sich vor dem König nieder und meldete: «Ich bringe meinem Herrn, dem König, dem ganzen Königreich und den Sklaven des Königs eine gute Nachricht: Mihrab der Grausame, der König von Bethroun, dein lebenslanger Feind, ist tot.»

Als der König und die mächtigen Männer die Nachricht hörten, erhoben sich alle und stimmten Freudenrufe an, denn wenn der machtgierige Mihrab länger gelebt hätte, hätte er sicher irgendwann Ishana besiegt und seine Einwohner zu Gefangenen gemacht.

Kurz darauf betrat auch der Hofarzt die Halle der Geflügelten Bullen und mit ihm die königlichen Hebammen. Der Arzt warf sich vor dem König nieder und sagte: «Möge der König, mein Herr, ewig leben, und möge er über zahlreiche Generationen des Volkes Ishana herrschen, denn dir, o König, wurde in dieser Stunde ein Sohn geboren, der dein Erbe sein wird.»

Da war des Königs Herz von Freude erfüllt, daß zur gleichen Zeit sein Erzfeind gestorben war und ihm ein Sohn geboren wurde, der die königliche Nachfolge sicherte.

In Ishana lebte ein bewährter Prophet. Er war jung und verfügte über hervorragende Geisteskräfte. Noch in derselben Nacht befahl der König, ihn in den Palast zu holen. Als der Prophet vor ihm stand, sagte der König: «Prophezeie uns nun die Zukunft meines Sohnes, der heute dem Königreich geboren wurde!»

Der Prophet zögerte keinen Augenblick und sprach: «Hör, o König, ich will dir die Zukunft deines Sohnes prophezeien, der heute geboren wurde: die Seele deines Feindes, des Königs Mihrab, der gestern abend starb, trieb nur einen Tag lang auf den Wellen des Windes auf der Suche nach einem Körper, in den sie einziehen könne. Der Körper, den sie schließlich fand und in den sie einzog, ist der Körper deines Sohnes, der dir heute geboren wurde.»

Diese Prophezeiung erzürnte den König, und er erschlug den Propheten auf der Stelle mit seinem Schwert.

Von diesem Tag an bis jetzt fragen sich die weisen Männer von Ishana oft insgeheim:
«Ist es nicht bekannt und wurde es nicht vor langer Zeit prophezeit, daß Ishana von einem Feind regiert wird?»

Wissen und Halbwissen

Vier Frösche saßen auf einer Holzplanke, die am Rande eines Flusses dümpelte. Plötzlich wurde das Holz von der Strömung erfaßt und trieb den Fluß hinunter. Die Frösche waren erfreut und aufgeregt, denn nie zuvor hatten sie eine Schiffahrt gemacht. Nach einer Weile sagte der erste Frosch: «Das ist eine großartige Planke! Sie bewegt sich, als ob sie lebendig wäre! Nie habe ich eine solche Holzplanke gesehen!»

Der zweite Frosch entgegnete ihm: «Du irrst, mein Freund! Das Holz ist wie alle anderen, es ist nicht beweglich! Was sich bewegt, ist der Fluß, der zum Meer treibt, und er trägt uns und die Planke mit sich.»

Der dritte Frosch behauptete: «Weder das Brett noch der Fluß bewegen sich, meine Freunde! Die Bewegung liegt ausschließlich in unserem Denken. Denn ohne das Denken bewegt sich nichts.»

Die drei Frösche gerieten darüber in heftigen Streit, was es wirklich sei, was sich bewege. Der Streit wurde immer erregter und immer lauter, ohne daß sie sich einigen konnten.

Da wandten sie sich an den vierten Frosch, der bisher geschwiegen hatte, und sie erkundigten sich nach seiner Meinung.
Der vierte Frosch sprach: «Jeder von euch hat recht, und keiner von euch hat völlig unrecht. Die Bewegung ist im Brett, im Wasser und auch in unserem Denken.»
Diese Antwort verärgerte die drei Frösche sehr, denn keiner von ihnen wollte wahrhaben, daß er nur zum Teil recht hatte, und daß die beiden anderen nicht ganz unrecht hatten.
Da geschah etwas Unerwartetes: die drei Frösche taten sich zusammen und stießen den vierten Frosch von der Holzplanke ins Wasser.

Ein schneeweißes Blatt Papier sagte…

Ein schneeweißes Blatt Papier sagte: «Rein wurde ich geschaffen, und rein will ich stets bleiben! Lieber will ich mich verbrennen lassen und zu weißer Asche werden, als daß ich es zuließe, daß etwas Dunkles mich berührt oder etwas Unreines mir naht!»

Der Tintentopf hörte die Worte, die das Blatt Papier sprach. Er lachte in seinem dunklen Herzen, aber er wagte es nicht, sich dem Papier zu nähern.

Auch die Buntstifte hatten diese Worte gehört, und auch sie kamen dem Papier nie zu nahe.

Und das schneeweiße Blatt Papier blieb rein und unberührt – aber leer.

Der Gelehrte und der Dichter

Eine Schlange sagte zu einer Lerche:
«Es ist wahr, du fliegst hoch oben in den Lüften, aber dafür bist du nicht imstande, ins Herz der Erde einzudringen, wo in tiefem Schweigen der Saft des Lebens quillt.»
Die Lerche antwortete: «Wenn du auch viel weißt und sicher klüger bist als die meisten, so ist es aber bedauerlich, daß du nicht fliegen kannst!»
Als ob sie die Antwort nicht gehört hätte, fuhr die Schlange fort: «Dir ist es versagt, die Geheimnisse der Erde zu erfahren und die Schätze ihres verborgenen Reiches zu entdecken. Erst gestern lag ich in einer Höhle aus Rubinen. Es leuchtete darin wie im Herzen eines reifen Granatapfels, und noch der matteste Lichtstrahl verwandelte alles in rosenfarbene Flammen. Wer außer mir kann solche Wunder erleben?»
«Niemand», entgegnete die Lerche, «niemand außer dir kann zwischen kristallenen Ablagerungen längst vergangener Zeiten liegen, aber dafür kannst du auch nicht singen!»
Die Schlange sagte: «Ich kenne eine Pflanze, deren

Wurzeln bis ins Innerste der Erde reichen. Wer von dieser Wurzel ißt, wird schöner als Astarte.»

Und die Lerche erwiderte: «Wer außer dir könnte uns die Mysterien der Erde enthüllen! Um so betrüblicher ist es, daß du nicht fliegen kannst!»

Die Schlange gab nicht auf und fuhr fort: «Im Erdinnern gibt es einen purpurfarbenen Strom. Wer daraus trinkt, wird unsterblich wie die Götter. Soviel ist sicher, es wird kein Vogel sein, der aus diesem purpurfarbenen Strom trinken wird.»

Die Lerche bemerkte unbeeindruckt: «Selbst wenn du unsterblich wirst wie die Götter, so ist es bedauernswert, daß du nicht singen kannst!»

Die Schlange sprach: «Ich kenne einen verschütteten Tempel, den ich einmal im Monat aufsuche; er wurde von einer längst vergessenen Rasse von Riesen erbaut, und auf den Wänden haben sie das gesamte Wissen aus Zeit und Raum eingraviert. Wer das liest, versteht, was alles Begreifen übersteigt.»

Darauf entgegnete die Lerche lakonisch: «Dann kannst du also mit deinem geschmeidigen Körper das Wissen von Raum und Zeit einkreisen – doch wie schade, daß du nicht fliegen kannst!»

Die Schlange war mit ihrer Kunst am Ende. Wütend zog sie sich in ihre Höhle zurück und schimpfte:

«Hohlköpfige Sänger!»

Die Lerche schwang sich hoch empor und sang: «Schade, du Klugrednerin, daß du nicht singen kannst, schade, schade, du Besserwisserin, daß du nicht fliegen kannst!»

Werte

Einst grub ein Mann auf seinem Feld eine Statue von großer Schönheit aus. Er brachte sie einem Sammler, von dem er wußte, daß er sich an schönen Dingen erfreute und diese von überall zusammentrug. Er bot ihm die Statue zum Kauf an, und der Sammler kaufte sie ihm für einen hohen Preis ab.
Auf dem Heimweg dachte der Mann daran, wieviel Leben das Geld bedeutete, das er in seiner Tasche trug, und er wunderte sich darüber, wie jemand einen so hohen Betrag für einen leblosen, gemeißelten Stein ausgibt, der tausend Jahre lang unbeachtet in der Erde vergraben war.
Zur gleichen Zeit bewunderte der Sammler seine neuerworbene Statue und sagte sich: «Was für eine Schönheit! Was für ein Leben! Und so taufrisch nach einem Schlaf von tausend Jahren! Welche Seele hat dies erträumt!» Und er dachte: «Wie kann jemand all dies eintauschen gegen Geld, gegen gewöhnliches, lebloses Geld!»

Andere Meere

Ein Fisch sagte zu einem anderen: «Über unserem Meer liegt sicher ein anderes Meer mit schwimmenden Wesen, die genauso leben, wie wir hier leben.»
Der andere Fisch antwortete ihm: «Das ist reine Einbildung, reine Fantasie! Weißt du nicht, daß alle, die das Meer auch nur einen Zoll weit verlassen und draußen verweilen, sterben müssen? Welchen Beweis hast du also für ein anderes Leben in anderen Meeren?»

Reue

In einer mondlosen Nacht betrat ein Mann den Garten seines Nachbarn; er stahl die größte Melone, die er finden konnte, und nahm sie mit nach Hause.
Da öffnete er sie und stellte fest, daß sie noch unreif war.
Und siehe, ein Wunder geschah!
Das Gewissen des Mannes rührte sich. Seine Schuld wurde ihm bewußt, und er bereute es, die Melone gestohlen zu haben.

Der Sterbende und der Geier

Warte, warte noch eine Weile,
mein begieriger Freund!
Ich werde noch früh genug
diese schwindende Hülle abwerfen,
dessen übermäßige Agonie
deine Geduld erschöpft.
Ich will deinen redlichen Hunger
nicht zu lange harren lassen
auf das Zerrinnen dieser Augenblicke.

Doch die Kette aus Atemzügen
ist schwer zu zerbrechen,
und der Wille zu sterben,
der stärker ist als alles Starke,
wird noch zurückgehalten
vom Willen zum Leben,
der schwächer ist als alles Schwache.
Verzeih Gefährte, ich säume zu lange!
Es ist die Erinnerung,
die meinen Geist noch aufhält.

Ein Reigen aus fernen, entfernten Tagen,

die Vision einer im Traum erlebten Jugend,
ein Antlitz, das mir zulächelt,
eine Stimme, die in meinen Ohren nachhallt,
eine Hand, die meine Hand berührt ...
Verzeih, daß ich dich so lange warten ließ!

Es ist nun vorbei, und alles ist entflohen,
das Antlitz, die Stimme, die Hand
und der Durst, der sie erstehen ließ.
Der Knoten ist aufgeknüpft,
und das Band ist zerschnitten.
Komm, nähre dich,
mein hungriger Freund!
Die Tafel ist bereitet!
Wohl ist das Mahl kärglich,
doch wird es mit Liebe dargeboten.

Komm, und stoße deinen Schnabel
hier in die linke Seite!
Befreie aus seinem Käfig
diesen kleinen Vogel,
dessen Flügel sich kaum mehr bewegen.
Ich will, daß er mit dir zusammen
sich in den Himmel erhebt.
Komm, in dieser Nacht
bin ich dein Gastgeber
und du mein willkommener Gast.

Jenseits meiner Einsamkeit

Jenseits meiner Einsamkeit liegt eine andere Einsamkeit, und wer sie bewohnt, dem erscheint meine Einsamkeit wie ein bevölkerter Marktplatz und mein Schweigen wie lautes Stimmengewirr.
Zu jung bin ich und zu ruhelos, um nach der Einsamkeit jenseits meiner Einsamkeit zu suchen. Die Stimmen des Tales drüben halten meine Ohren in Bann, und seine Schatten versperren meinen Weg dorthin.
Hinter diesen Hügeln liegt ein friedlicher Hain. Wer ihn bewohnt, dem erscheint mein Friede wie ein Wirbelwind und mein Glück wie eine Illusion.
Zu jung bin ich und zu ausgelassen, um nach diesem friedlichen Hain zu streben. Der Geschmack von Blut haftet noch an meinen Lippen, Pfeil und Bogen meiner Väter sind noch in meinen Händen, und ich kann nicht dorthin aufbrechen.
Hinter diesem Ich, das von schweren Lasten niedergedrückt ist, liegt mein freieres Ich; ihm erscheinen meine Träume wie Kampfhandlungen, die in der Dämmerung ausgetragen werden, und meine Wünsche wie das Geklapper eines Skeletts.

Zu jung bin ich und zu maßlos, um mein freieres Ich zu sein.
Und wie könnte ich auch mein freieres Ich werden, ohne mein beladenes Ich zu beseitigen und ohne daß alle Menschen befreit werden?
Wie sollen meine Blätter fliegen und mit dem Wind singen, ohne daß meine Wurzeln im Dunkel verdorren?
Und wie soll sich der Adler in mir zur Sonne erheben, solange meine Jungen nicht das Nest verlassen haben, das ich mit meinem Schnabel für sie baute?

Die letzte Wache

Als die Nacht am weitesten fortgeschritten war und der erste Hauch der Morgendämmerung sich schon in den Wind mischte, verließ der Vorbote, der sich selbst als das Echo einer noch nicht vernommenen Stimme bezeichnet, seinen Schlafraum und stieg auf das flache Dach seines Hauses. Lange stand er dort und schaute auf die schlafende Stadt. Dann hob er seinen Kopf, und als hätten sich die schlaflosen Geister der schlummernden Bewohner um ihn versammelt, sprach er zu ihnen:

«Meine Freunde, meine Nachbarn und du, der du jeden Tag an meinem Gartentor vorüberkommst, laßt mich zu euch sprechen, während ihr noch schlaft! Ich möchte unverhüllt und ungehindert im Tal eurer Träume umhergehen, denn unaufmerksam und achtlos sind die Stunden eures Wachens und taub eure lärmbelasteten Ohren.

Lange und übermäßig habe ich euch geliebt!

Jeden einzelnen von euch liebe ich, als ob er alle zusammen wäre, und euch alle liebe ich, als ob ihr einer wäret. Im Frühling meines Lebens sang ich in euren Gärten, und im Sommer meines Herzens hütete ich eure Tennen.

Ja, ich liebte euch alle, den Riesen ebenso wie den Zwerg, den Aussätzigen nicht weniger als den Gesalbten und den, der im Dunkeln seinen Weg ertastet ebenso wie denjenigen, der auf den Berggipfeln tanzt.

Dich, den Starken, liebte ich, obgleich man noch die Narben in meinem Fleisch sieht, die von deinen Eisenhufen herrühren, und dich, den Schwächling, liebte ich, obwohl du meinen Glauben oft auf die Probe gestellt und meine Geduld überbeansprucht hast.

Dich, den Reichen, habe ich geliebt, wenn auch dein Honig meinem Mund bitter schmeckte, und dich, den Armen, obwohl du meine Scham angesichts meiner leeren Hände kennst.

Dich, den Sänger mit der geborgten Laute und den ungeübten Fingern, dich liebte ich in meiner Nachsicht ebenso wie den Gelehrten, der die Friedhöfe nach vermoderten Leichentüchern absucht.

Dich, den Priester, liebte ich, der im Schweigen von Gestern wohnt und das Schicksal des Morgen befragt.

Euch alle liebte ich, die ihr Götter verehrt, die das Spiegelbild eurer Wünsche und Sehnsüchte sind.

Dich, die dürstende Frau, deren Becher immer voll ist, liebte ich im Einverständnis, und dich, die Frau schlafloser Nächte habe ich voll Mitleid geliebt.
Dich, den Redseligen, liebte ich, indem ich mir sagte: «Das Leben hat viel zu erzählen!» Und dich, den Schweigsamen, habe ich geliebt, indem ich dachte: «Drückt er nicht durch sein Schweigen aus, was ich gerne in Worten hören würde?»
Sogar dich, den Richter und Kunstkritiker, liebte ich, wenn ich auch nie vergesse, was du sagtest, als du mich gekreuzigt sahst, nämlich: «Sein Blut tropft im Takt, und das Muster, das sein vergossenes Blut auf seine Haut zeichnet, ist schön anzusehen!»
Ja, ich habe euch alle geliebt, die Jungen und die Alten, das zitternde Rohr und die Eiche.
Doch das Übermaß meiner Liebe bewirkte, daß ihr euch von mir abwandtet. Ihr wolltet die Liebe schluckweise aus einem Becher trinken und nicht von der sprudelnden Quelle. Ihr wolltet das sanfte Geflüster der Liebe hören, wenn sie aber schreit, dann haltet ihr euch die Ohren zu.
Weil ich euch alle ohne Ausnahme und ohne Unterschied liebte, habt ihr gesagt: «Sein Herz ist zu willfährig und seine Pfade zu unentschieden. Seine Liebe ist die eines Anspruchslosen, der sich mit Brosamen zufriedengibt, selbst wenn er an einer königlichen Tafel sitzt. Es ist die Liebe eines

Schwächlings, denn die Starken lieben nur ihresgleichen.»

Weil ich euch so übermäßig liebte, sagtet ihr euch: «Seine Liebe ist die Liebe eines Blinden, der nicht unterscheiden kann zwischen der Schönheit des einen und der Häßlichkeit des anderen. Es ist die Liebe eines Menschen, der keinen Geschmack hat und der Essig für Wein hält. Auch ist es die Liebe eines aufdringlichen und anmaßenden Menschen, denn welcher Fremde sollte uns wie Mutter oder Vater, wie Schwester oder Bruder lieben?»

Dies sagtet ihr und noch mehr! Oft zeigtet ihr auf dem Marktplatz mit den Fingern auf mich und spottetet:

«Da geht er, der kein Alter kennt, der Mann ohne Jahreszeiten, der um die Mittagszeit mit unseren Kindern spielt und abends mit den Ältesten zusammensitzt und Weisheit und Verständnis vorgibt.»

Da sagte ich mir: «Ich will sie mehr lieben, ja noch mehr lieben! – Aber ich will meiner Liebe den Anschein des Hasses geben und meine Zärtlichkeit hinter Strenge verbergen; ich werde mir eine eiserne Maske anlegen, und ich werde sie nur noch in dieser Tarnung aufsuchen!»

Von da an lenkte ich euch mit fester Hand, und

wie nächtlicher Sturm dröhnte meine Stimme in euren Ohren.
In aller Öffentlichkeit schimpfte ich euch Heuchler und Schwindler.
Die Kurzsichtigen unter euch bezeichnete ich als blinde Fledermäuse, und diejenigen, welche die Erde liebten, als geistlose Maulwürfe.
Die Redegewandten nannte ich doppelzüngig, die Schweigsamen mundfaul und die Einfältigen schimpfte ich Todgeweihte, die sich gegen den Tod nicht wehren.
Den Weltklugen warf ich vor, den Heiligen Geist zu beleidigen, und die Frommen bezeichnete ich als Schattenfänger, die ihre Netze in trübes Wasser auswerfen und nichts als ihr eigenes Bild einfangen.
Auf diese Weise verurteilte ich euch alle mit meinen Lippen, während mein Herz blutete und euch mit zärtlichen Namen rief.
Es war meine von euch verspottete und verhöhnte Liebe, die so sprach. Es war der halberschlagene Stolz, der noch im Staub zuckte. Es war mein Hunger nach eurer Liebe, der euch in aller Öffentlichkeit verurteilte, während meine Liebe zu euch schweigend auf den Knien lag und euch um Verzeihung bat.
Und siehe da, ein Wunder geschah!

Meine Maskierung öffnete eure Augen und mein zur Schau gestellter Haß weckte die Liebe in euren Herzen.
Und nun liebt ihr mich!
Denn ihr liebt die Schwerter, die euer Fleisch durchbohren, und die Pfeile, die in eure Brust dringen. Es gelüstet euch danach, verwundet zu werden, und ihr seid erst berauscht, wenn ihr von eurem eigenen Blut trinkt.
Wie Motten, die die Vernichtung in den Flammen suchen, so versammelt ihr euch täglich in meinem Garten. Mit erhobenen Gesichtern und begeisterten Blicken seht ihr zu, wie ich niederreiße, was ihr am Tag aufgebaut habt! Und flüsternd sagt ihr untereinander: «Er sieht im Lichte Gottes! Er spricht wie unsere alten Propheten! Er enthüllt das Innerste unserer Seelen und legt unsere Herzen bloß! Wie der Adler die Wege der Füchse kennt, so kennt er unsere Wege.»
Ja, ich kenne eure Wege, aber so wie der Adler die Wege seiner Jungen kennt. Zu gerne würde ich euch in mein Geheimnis einweihen. Aber da ich eure Nähe brauche, täusche ich Entfremdung und Gleichgültigkeit vor. Aus Furcht vor der Ebbe eurer Liebe richte ich vor den Fluten meiner Liebe Dämme auf.
Nach diesen Worten bedeckte der Vorbote sein

Gesicht mit den Händen und weinte bitterlich. Denn er wußte in seinem Herzen, daß die Liebe, die sich ihrer Blöße wegen demütigen läßt, größer ist als die Liebe, die ihrer Verstellung und Maskierung wegen triumphiert; und er war beschämt.
Nach einer Weile erhob er plötzlich seinen Kopf, und wie jemand, der aus dem Schlaf erwacht, streckte er seine Arme aus und sprach:
«Die Nacht ist vorüber, und wir Kinder der Nacht müssen sterben, wenn die Morgendämmerung anbricht und über die Hügel hüpft. Und aus unserer Asche wird sich eine größere Liebe erheben. Sie wird der Sonne ins Gesicht lachen, und sie wird unsterblich sein.»

Khalil Gibran im Walter-Verlag

Der Prophet
Wegweiser zu einem sinnvollen Leben
72 Seiten, Broschur
Illustrierte Geschenkausgabe
128 Seiten, Leinen

Sand und Schaum
Aphorismen
64 Seiten, Broschur

Geheimnisse des Herzens
66 Seiten, Broschur

Abgründe des Herzens
76 Seiten, Broschur

Das Reich der Ideen
Aphorismen und Betrachtungen
110 Seiten, Broschur

Rebellische Geister
Geschichten
114 Seiten, Broschur

Jesus Menschensohn
Seine Worte und Taten,
berichtet von Menschen, die ihn kannten
170 Seiten, Broschur

Gebrochene Flügel
110 Seiten, Broschur

Die Götter der Erde
63 Seiten, Broschur

Eine Träne und ein Lächeln
183 Seiten, Broschur

Der Narr
Lebensweisheiten in Parabeln
47 Seiten, Broschur